AF199414

Impressum
Verlag: BABADADA GmbH, Nedderfeld 112 , 22529 Hamburg
Geschäftsführer / Verlagsleitung: Harald Hof
Druck: Books on Demand GmbH, In de Tarpen 42, 22848 Norderstedt

Imprint
Publisher: BABADADA GmbH, Nedderfeld 112 , 22529 Hamburg, Germany
Managing Director / Publishing direction: Harald Hof
Print: Books on Demand GmbH, In de Tarpen 42, 22848 Norderstedt

school
die Schule

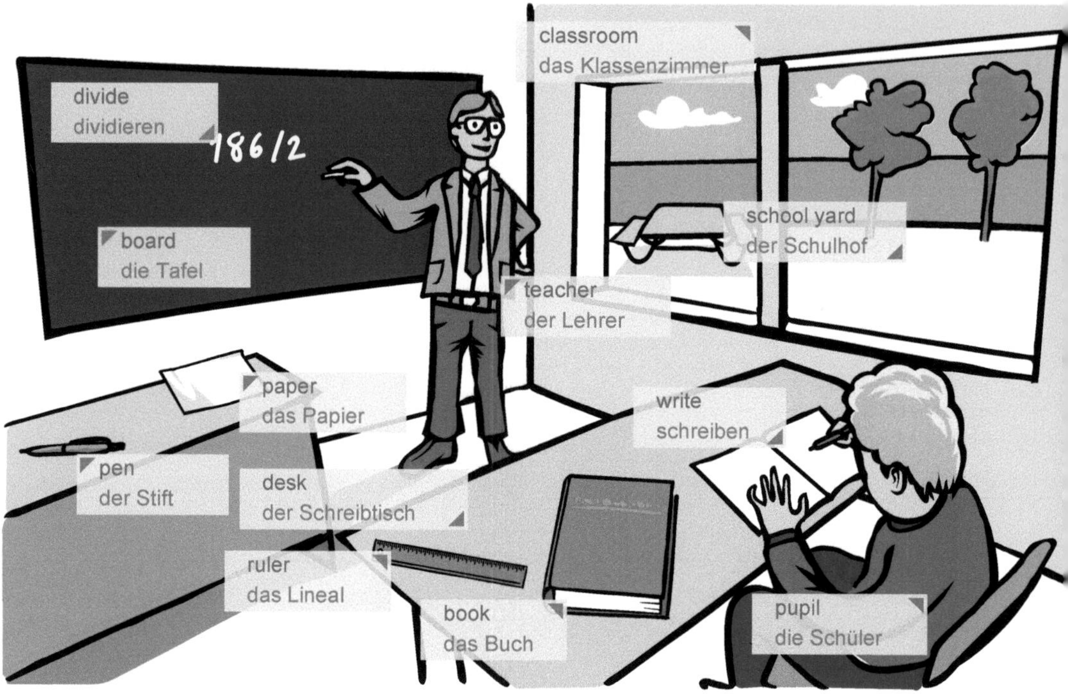
classroom
das Klassenzimmer
divide
dividieren
186/2
board
die Tafel
school yard
der Schulhof
teacher
der Lehrer
paper
das Papier
write
schreiben
pen
der Stift
desk
der Schreibtisch
ruler
das Lineal
book
das Buch
pupil
die Schüler

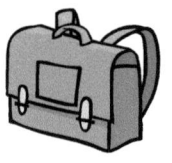

satchel

die Schultasche

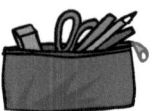

pencil case

die Federmappe

pencil

der Bleistift

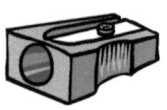

pencil sharpener

der Bleistiftspitzer

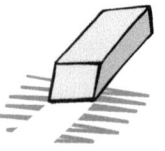

rubber

der Radierer

drawing pad

der Zeichenblock

drawing
die Zeichnung

paintbrush
der Pinsel

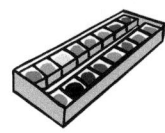

paint box
der Malkasten

scissors
die Schere

glue
der Klebstoff

exercise book
das Übungsheft

homework
die Hausübung

number
die Zahl

add
addieren

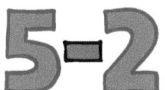

subtract
subtrahieren

multiply
multiplizieren

calculate
rechnen

letter
der Buchstabe

alphabet
das Alphabet

word
das Wort

text

der Text

read

lesen

chalk

die Kreide

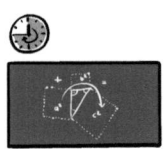

lesson

die Unterrichtsstunde

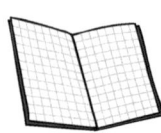

register

das Klassenbuch

examination

die Prüfung

certificate

das Zeugnis

school uniform

die Schuluniform

education

die Ausbildung

encyclopedia

das Lexikon

university

die Universität

microscope

das Mikroskop

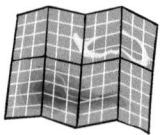

map

die Karte

waste-paper basket

der Papierkorb

travel

die Reise

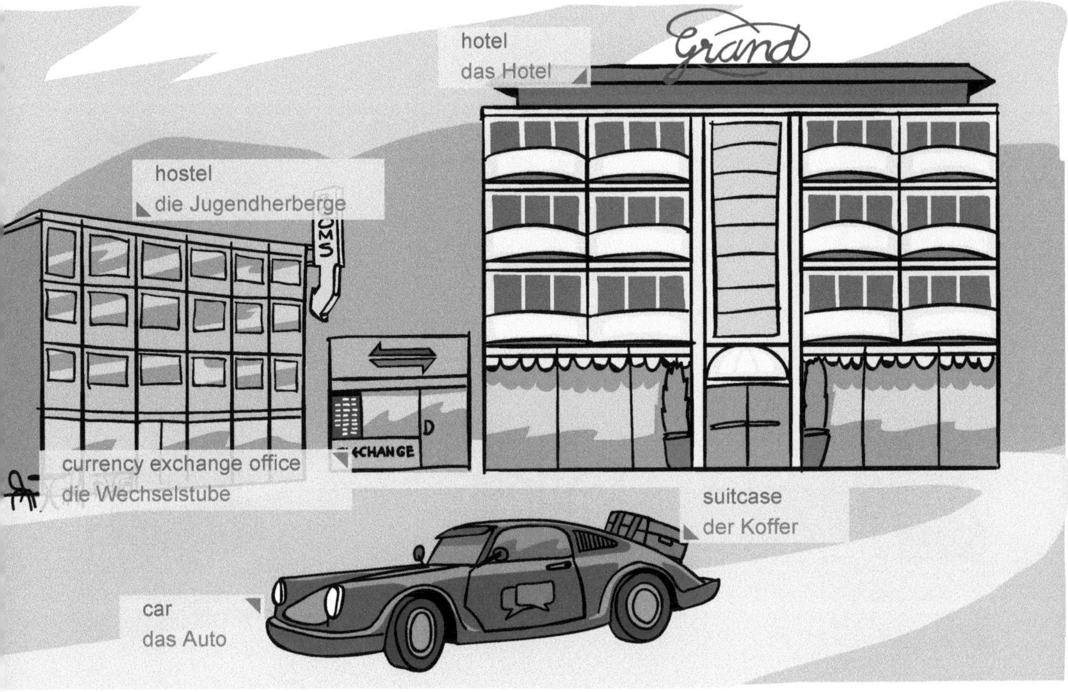
hotel
das Hotel
Grand
hostel
die Jugendherberge
currency exchange office
die Wechselstube
suitcase
der Koffer
car
das Auto

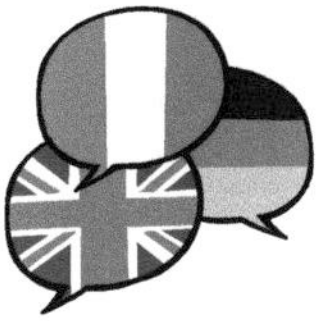

language

die Sprache

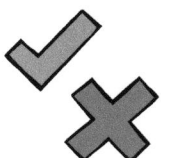

yes / no

ja / nein

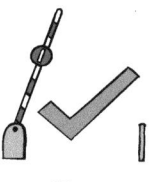

Okay

Okay

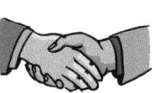

hello

Hallo

translator

die Dolmetscherin

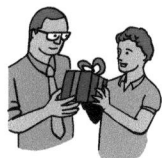

Thank you

Danke

how much is...?

Wie viel kostet ...?

I don´t get it

Ich verstehe nicht.

problem

das Problem

Good evening!

Guten Abend!

Good morning!

Guten Morgen!

Good night!

Gute Nacht!

goodbye

Auf Wiederschaun!

direction

die Richtung

luggage

das Gepäck

bag

die Tasche

backpack

der Rucksack

guest

der Gast

room

das Zimmer

sleeping bag

der Schlafsack

tent

das Zelt

travel - die Reise

tourist information

die Touristeninformation

beach

der Strand

credit card

die Kreditkarte

breakfast

das Frühstück

lunch

das Mittagessen

dinner

das Abendessen

Ticket

die Fahrkarte

elevator

der Lift

stamp

die Briefmarke

border

die Grenze

customs

der Zoll

embassy

die Botschaft

visa

das Visum

passport

der Pass

transport
der Transport

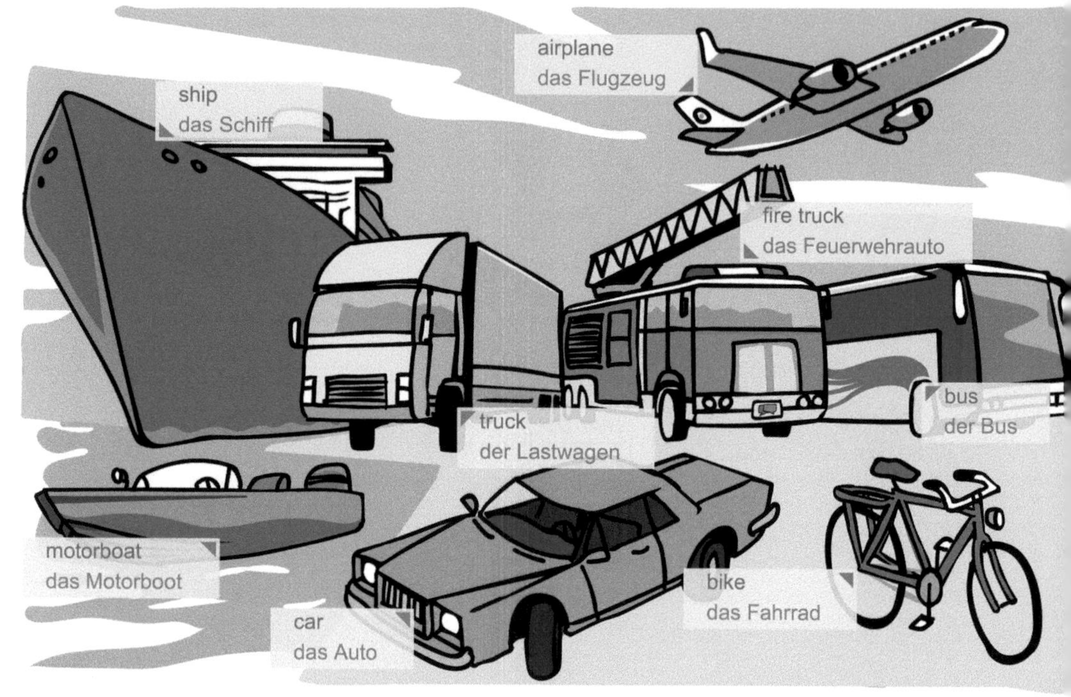

airplane
das Flugzeug
ship
das Schiff
fire truck
das Feuerwehrauto
bus
der Bus
truck
der Lastwagen
motorboat
das Motorboot
bike
das Fahrrad
car
das Auto

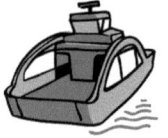

ferry

die Fähre

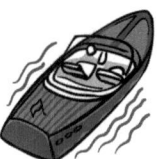

boat

das Boot

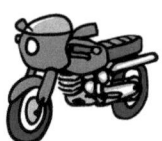

motorbike

das Motorrad

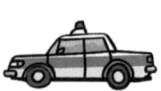

police car

das Polizeiauto

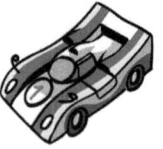

racing car

das Rennauto

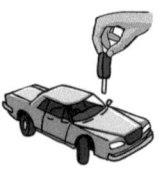

rental car

der Mietwagen

car sharing

das Carsharing

tow truck

der Abschleppwagen

garbage truck

der Müllwagen

engine

der Motor

fuel

der Kraftstoff

fuel station

die Tankstelle

traffic sign

das Verkehrsschild

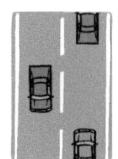

traffic

der Verkehr

traffic jam

der Stau

parking lot

der Parkplatz

train station

der Bahnhof

tracks

die Schienen

train

der Zug

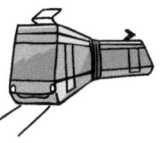

tram

die Straßenbahn

wagon

der Wagon

helicopter

der Hubschrauber

airport

der Flughafen

tower

der Tower

passenger

der Passagier

container

der Container

carton

der Karton

cart

der Rollwagen

basket

der Korb

take off / land

starten / landen

city

die Stadt

village

das Dorf

city center

das Stadtzentrum

house

das Haus

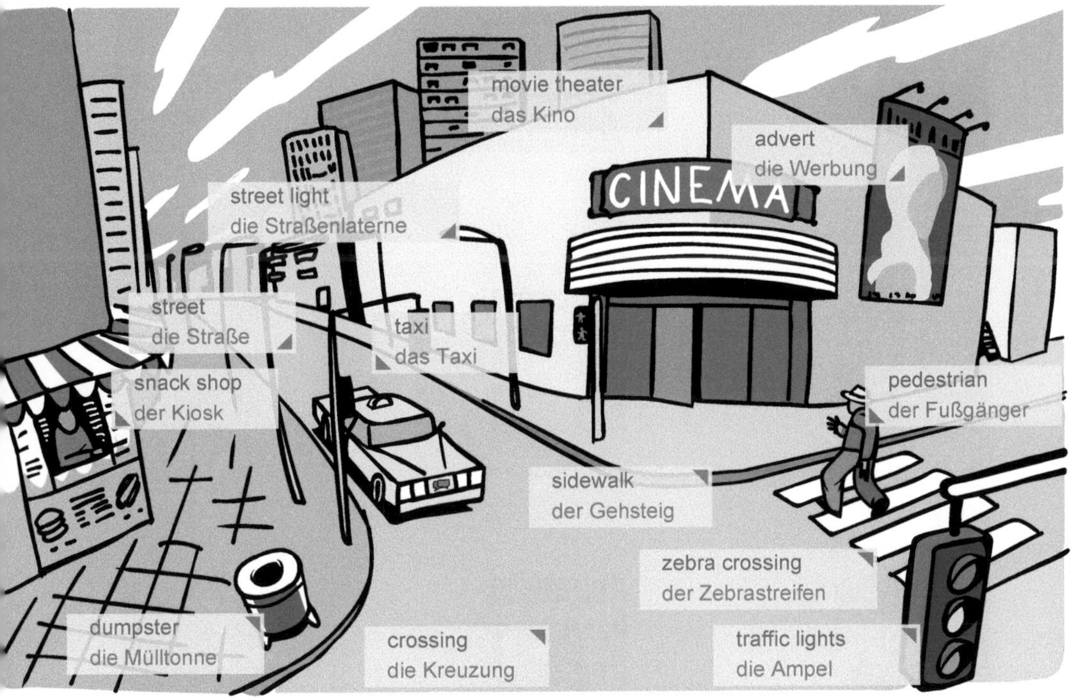

movie theater
das Kino

advert
die Werbung

street light
die Straßenlaterne

CINEMA

street
die Straße

taxi
das Taxi

snack shop
der Kiosk

pedestrian
der Fußgänger

sidewalk
der Gehsteig

zebra crossing
der Zebrastreifen

dumpster
die Mülltonne

crossing
die Kreuzung

traffic lights
die Ampel

hut

die Hütte

apartment

die Wohnung

train station

der Bahnhof

city hall

das Rathaus

museum

das Museum

school

die Schule

university
die Universität

bank
die Bank

hospital
das Spital

hotel
das Hotel

pharmacy
die Apotheke

office
das Büro

book shop
die Buchhandlung

shop
das Geschäft

flower shop
der Blumenladen

supermarket
der Supermarkt

market
der Markt

department store
das Kaufhaus

fishmonger's shop
der Fischhändler

mall
das Einkaufszentrum

harbor
der Hafen

park

der Park

bench

die Bank

bridge

die Brücke

stairs

die Stiege

subway

die U-Bahn

tunnel

der Tunnel

bus stop

die Bushaltestelle

bar

die Bar

restaurant

das Restaurant

postbox

der Briefkasten

street sign

das Straßenschild

parking meter

die Parkuhr

zoo

der Zoo

swimming pool

die Badeanstalt

mosque

die Moschee

farm

der Bauernhof

pollution

die Umweltverschmutzung

cemetery

der Friedhof

church

die Kirche

playground

der Spielplatz

temple

der Tempel

landscape
die Landschaft

leaf
das Blatt

signpost
der Wegweiser

path
der Weg

meadow
die Wiese

stone
der Stein

tree
der Baum

hiker
der Wanderer

river
der Fluss

grass
das Gras

flower
die Blume

valley

das Tal

hill

der Hügel

lake

der See

forest

der Wald

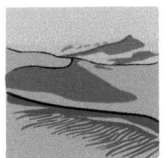

desert

die Wüste

volcano

der Vulkan

castle

das Schloss

rainbow

der Regenbogen

mushroom

der Pilz

palm tree

die Palme

mosquito

der Moskito

fly

die Fliege

ant

die Ameise

bee

die Biene

spider

die Spinne

landscape - die Landschaft

beetle

der Käfer

frog

der Frosch

squirrel

das Eichhörnchen

hedgehog

der Igel

hare

der Hase

owl

die Eule

bird

die Vogel

swan

der Schwan

boar

das Wildschwein

deer

der Hirsch

moose

der Elch

dam

der Staudamm

wind turbine

das Windrad

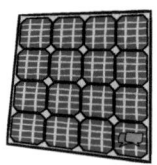

solar panel

das Solarmodul

climate

das Klima

landscape - die Landschaft

restaurant
das Restaurant

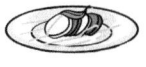

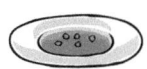

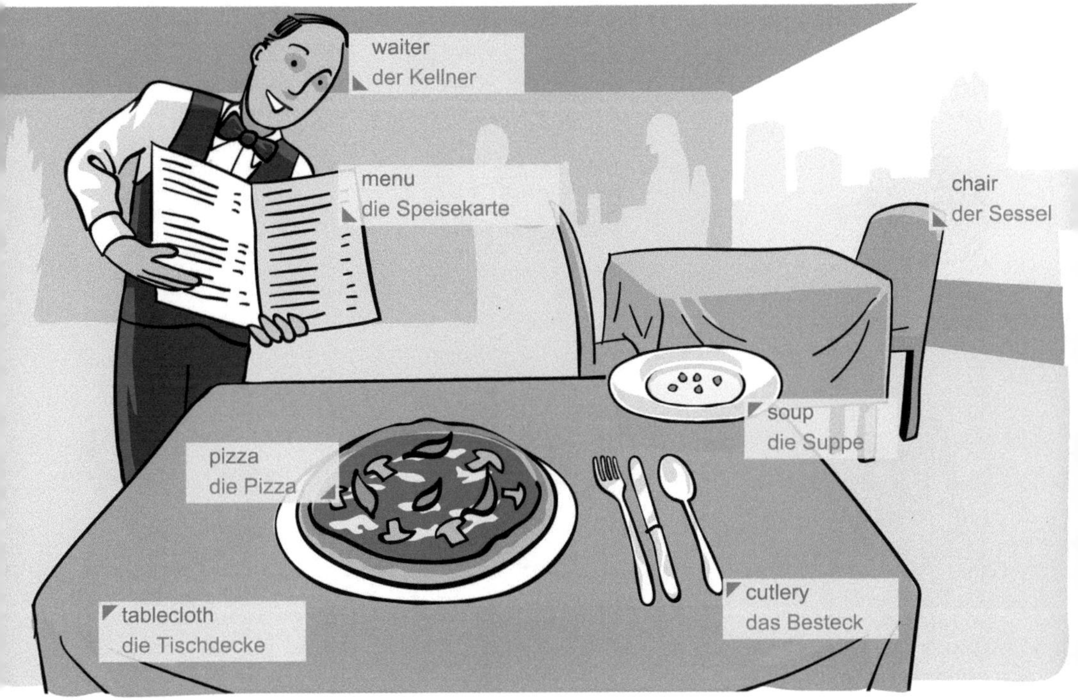
waiter
der Kellner
menu
die Speisekarte
chair
der Sessel
soup
die Suppe
pizza
die Pizza
cutlery
das Besteck
tablecloth
die Tischdecke

starter

die Vorspeise

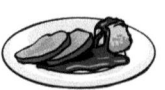

main course

das Hauptgericht

dessert

die Nachspeise

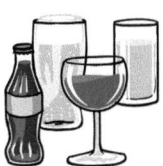

drinks

die Getränke

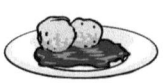

food

das Essen

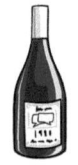

bottle

die Flasche

fast food

das Fastfood

street food

das Streetfood

teapot

die Teekanne

sugar bowl

die Zuckerdose

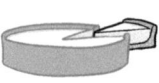

portion

die Portion

espresso machine

die Espressomaschine

high chair

der Kinderstuhl

bill

die Rechnung

tray

das Tablett

knife

das Messer

fork

die Gabel

spoon

der Löffel

teaspoon

der Teelöffel

serviette

die Serviette

glass

das Glas

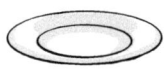

plate

der Teller

soup plate

der Suppenteller

saucer

die Untertasse

sauce

die Sauce

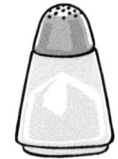

salt shaker

der Salzstreuer

pepper mill

die Pfeffermühle

vinegar

der Essig

oil

das Öl

spices

die Gewürze

ketchup

das Ketchup

mustard

der Senf

mayonnaise

die Mayonnaise

supermarket
der Supermarkt

special offer
das Angebot
FOR
customer
der Kunde
dairy products
die Milchprodukte
fruit
das Obst
shopping cart
der Einkaufswagen

BUTCHERS

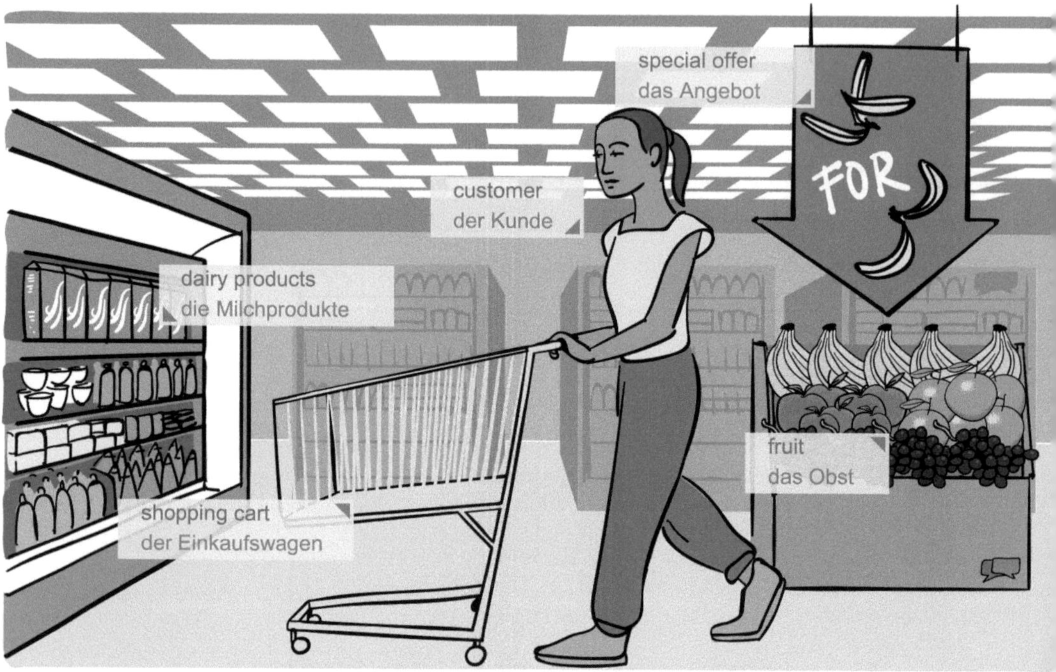

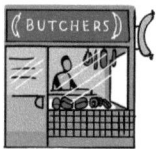

butcher's shop

die Schlachterei

BAKERY

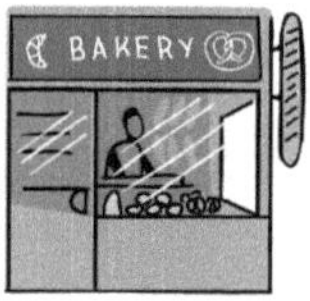

bakery

die Bäckerei

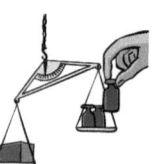

weigh

wiegen

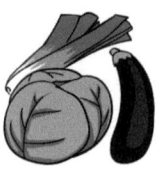

vegetables

das Gemüse

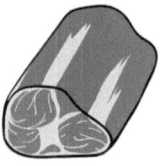

meat

das Fleisch

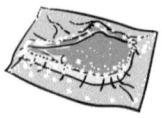

frozen food

die Tiefkühlkost

cold cuts
der Aufschnitt

canned food
die Konserven

detergent
das Waschmittel

candy
die Süßigkeiten

household products
die Haushaltsartikel

cleaning products
das Reinigungsmittel

sales representative
die Verkäuferin

cash register
die Kassa

cashier
die Kassiererin

shopping list
die Einkaufsliste

opening hours
die Öffnungszeiten

wallet
die Brieftasche

credit card
die Kreditkarte

bag
die Tasche

plastic bag
die Plastiktüte

die Getränke

water
....
das Wasser

juice
....
der Saft

milk
....
die Milch

coke
....
die Cola

wine
....
der Wein

beer
....
das Bier

alcohol
....
der Alkohol

cocoa
....
der Kakao

tea
....
der Tee

coffee
....
der Kaffee

espresso
....
der Espresso

cappuccino
....
der Cappuccino

banana

die Banane

apple

der Apfel

orange

die Orange

melon

die Melone

lemon

die Zitrone

carrot

die Karotte

garlic

der Knoblauch

bamboo

der Bambus

onion

die Zwiebel

mushroom

der Pilz

nuts

die Nüsse

noodles

die Nudeln

spaghetti

die Spaghetti

rice

der Reis

salad

der Salat

fries

die Pommes frites

fried potatoes

die Bratkartoffeln

pizza

die Pizza

hamburger

der Hamburger

sandwich

das Sandwich

escalope

das Schnitzel

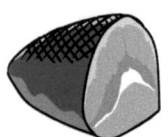

ham

der Schinken

salami

die Salami

sausage

die Wurst

chicken

das Huhn

roast

der Braten

fish

der Fisch

porridge oats

die Haferflocken

muesli

das Müsli

cornflakes

die Cornflakes

flour

das Mehl

croissant

das Croissant

bread roll

die Semmel

bread

das Brot

toast

der Toast

cookies

die Kekse

butter

die Butter

curd

der Topfen

cake

der Kuchen

egg

das Ei

fried egg

das Spiegelei

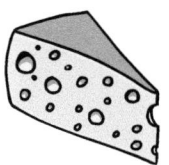

cheese

der Käse

ice cream

die Eiscreme

sugar

der Zucker

honey

der Honig

jelly

die Marmelade

nougat cream

der Schokoladenaufstrich

curry

das Curry

farm
der Bauernhof

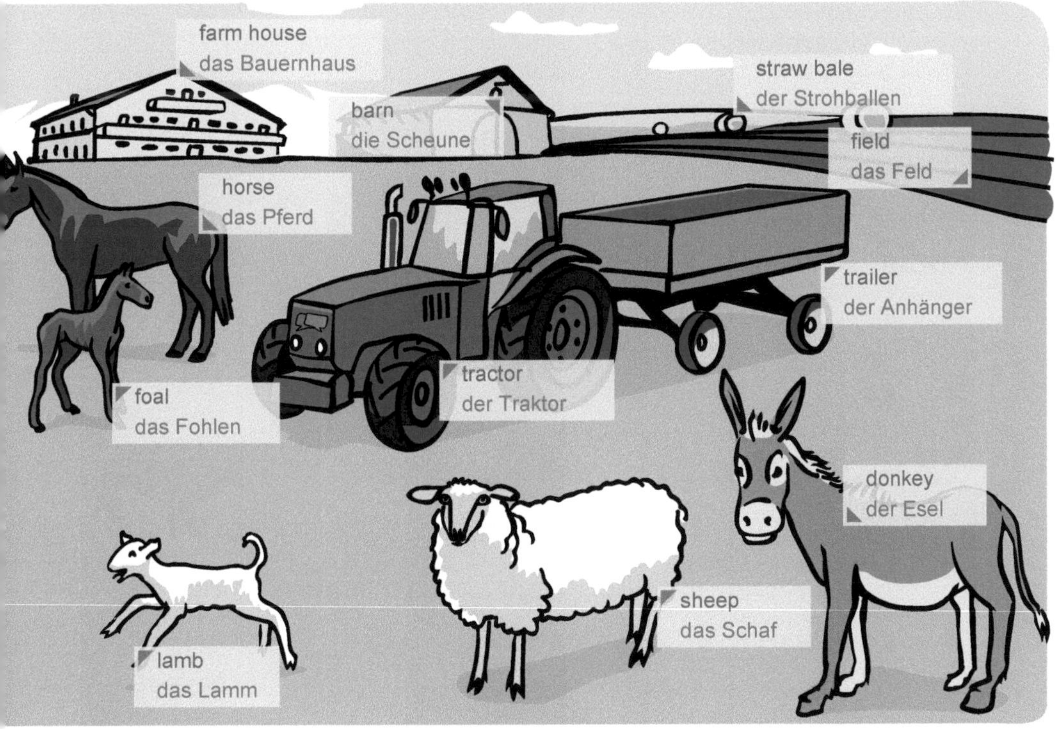
farm house
das Bauernhaus
barn
die Scheune
straw bale
der Strohballen
field
das Feld
horse
das Pferd
trailer
der Anhänger
tractor
der Traktor
foal
das Fohlen
donkey
der Esel
sheep
das Schaf
lamb
das Lamm

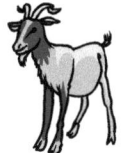

goat
die Ziege

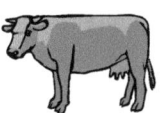

cow
die Kuh

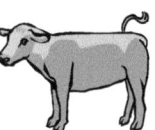

calf
das Kalb

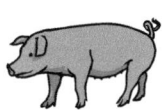

pig
das Schwein

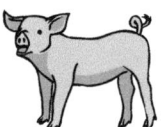

piglet
das Ferkel

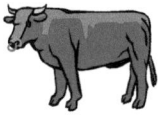

bull
der Stier

goose

die Gans

duck

die Ente

chick

das Küken

hen

das Huhn

cockerel

der Hahn

rat

die Ratte

cat

die Katze

mouse

die Maus

ox

der Ochse

dog

der Hund

dog house

die Hundehütte

garden hose

der Gartenschlauch

watering can

die Gießkanne

scythe

die Sense

plow

der Pflug

sickle

die Sichel

hoe

die Hacke

pitchfork

die Mistgabel

axe

die Axt

pushcart

die Schubkarre

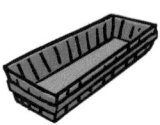

trough

der Trog

milk can

die Milchkanne

sack

der Sack

fence

der Zaun

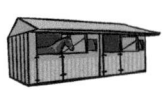

stable

der Stall

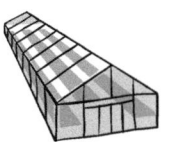

greenhouse

das Treibhaus

soil

der Boden

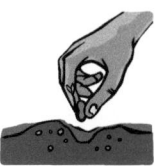

seed

die Saat

fertilizer

der Dünger

combine harvester

der Mähdrescher

farm - der Bauernhof

harvest

ernten

harvest

die Ernte

yams

die Yamswurzel

wheat

der Weizen

soya

das Soja

potato

der Erdapfel

corn

der Mais

rapeseed

der Raps

fruit tree

der Obstbaum

manioc

der Maniok

grain

das Getreide

farm - der Bauernhof

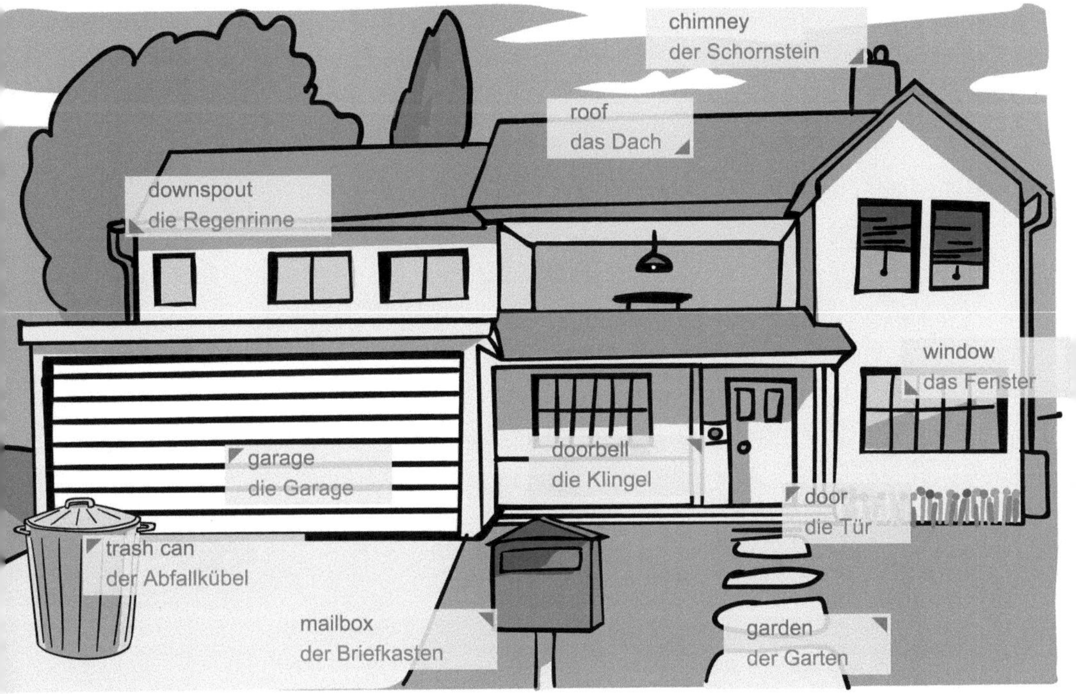

chimney
der Schornstein

roof
das Dach

downspout
die Regenrinne

window
das Fenster

garage
die Garage

doorbell
die Klingel

door
die Tür

trash can
der Abfallkübel

mailbox
der Briefkasten

garden
der Garten

living room

das Wohnzimmer

bathroom

das Badezimmer

kitchen

die Küche

bedroom

das Schlafzimmer

kids room

das Kinderzimmer

dining room

das Esszimmer

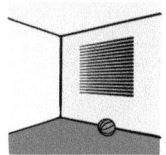

floor

der Boden

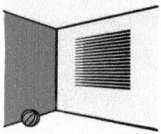

wall

die Wand

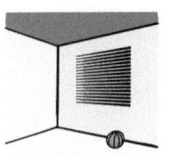

ceiling

die Decke

cellar

der Keller

sauna

die Sauna

balcony

der Balkon

terrace

die Terrasse

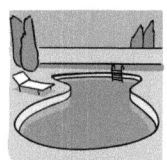

pool

das Schwimmbad

lawn mower

der Rasenmäher

sheet

der Bettbezug

bedspread

die Bettdecke

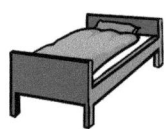

bed

das Bett

broom

der Besen

bucket

der Kübel

switch

der Schalter

living room
das Wohnzimmer

wallpaper
die Tapete
picture
das Bild
lamp
die Lampe
shelf
das Regal
cabinet
der Schrank
television
der Fernseher
fireplace
der Kamin
flower
die Blume
cushion
der Polster
sofa
das Sofa
vase
die Vase
remote control
die Fernbedienung

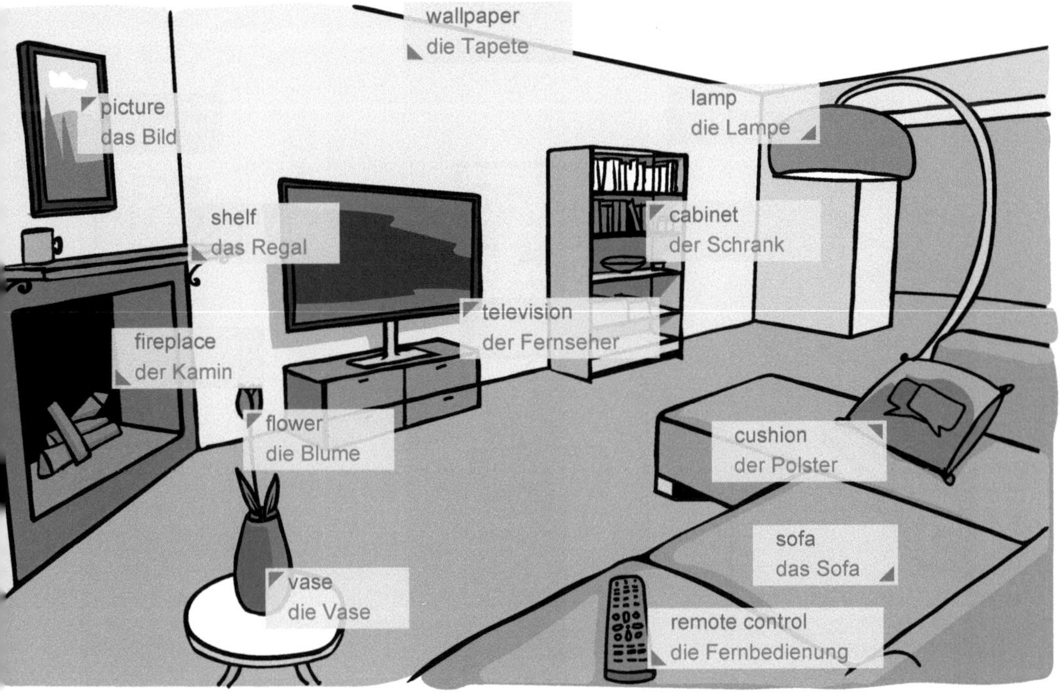

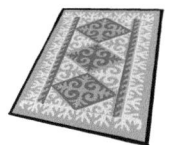

carpet

der Teppich

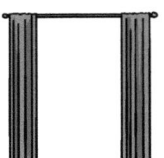

drape

der Vorhang

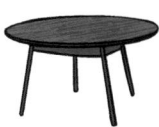

table

der Tisch

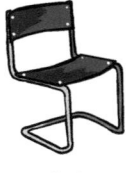

chair

der Sessel

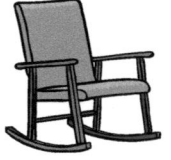

rocking chair

der Schaukelstuhl

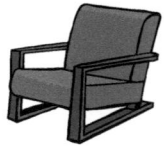

armchair

der Sessel

book
das Buch

blanket
die Decke

decoration
die Dekoration

firewood
das Feuerholz

film
der Film

stereo system
die Stereoanlage

key
der Schlüssel

newspaper
die Zeitung

painting
das Gemälde

poster
das Poster

radio
das Radio

notebook
der Notizblock

vacuum cleaner
der Staubsauger

cactus
der Kaktus

candle
die Kerze

kitchen
die Küche

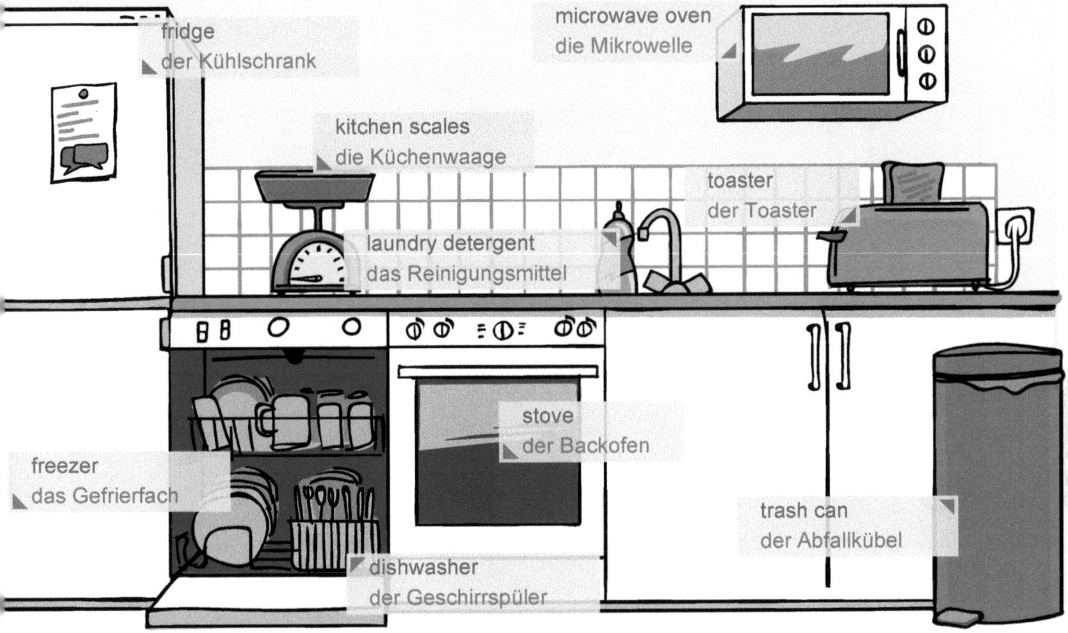

fridge
der Kühlschrank
microwave oven
die Mikrowelle
kitchen scales
die Küchenwaage
toaster
der Toaster
laundry detergent
das Reinigungsmittel
stove
der Backofen
freezer
das Gefrierfach
trash can
der Abfallkübel
dishwasher
der Geschirrspüler

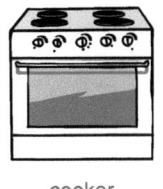

cooker

der Herd

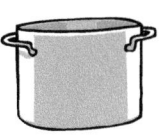

pot

der Topf

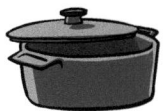

cast-iron pot

der Eisentopf

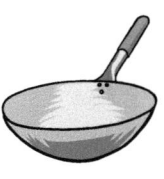

wok / kadai

der Wok / Kadai

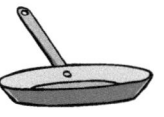

pan

die Pfanne

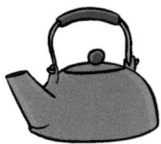

kettle

der Wasserkocher

steamer

der Dampfgarer

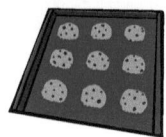

baking tray

das Backblech

crockery

das Geschirr

mug

der Becher

bowl

die Schale

chopsticks

die Essstäbchen

ladle

der Schöpflöffel

spatula

der Pfannenwender

whisk

der Schneebesen

strainer

das Kochsieb

sieve

das Sieb

grater

die Reibe

mortar

der Mörser

barbecue

der Grill

fireplace

das Kaminfeuer

kitchen - die Küche

chopping board

das Schneidebrett

rolling pin

das Nudelholz

corkscrew

der Korkenzieher

can

die Dose

can opener

der Dosenöffner

oven cloth

der Topflappen

sink

das Waschbecken

brush

die Bürste

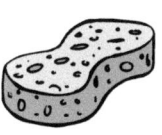

sponge

der Schwamm

blender

der Mixer

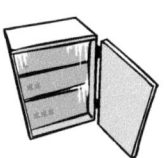

deep freezer

die Gefriertruhe

baby bottle

die Babyflasche

tap

der Wasserhahn

kitchen - die Küche

bathroom

das Badezimmer

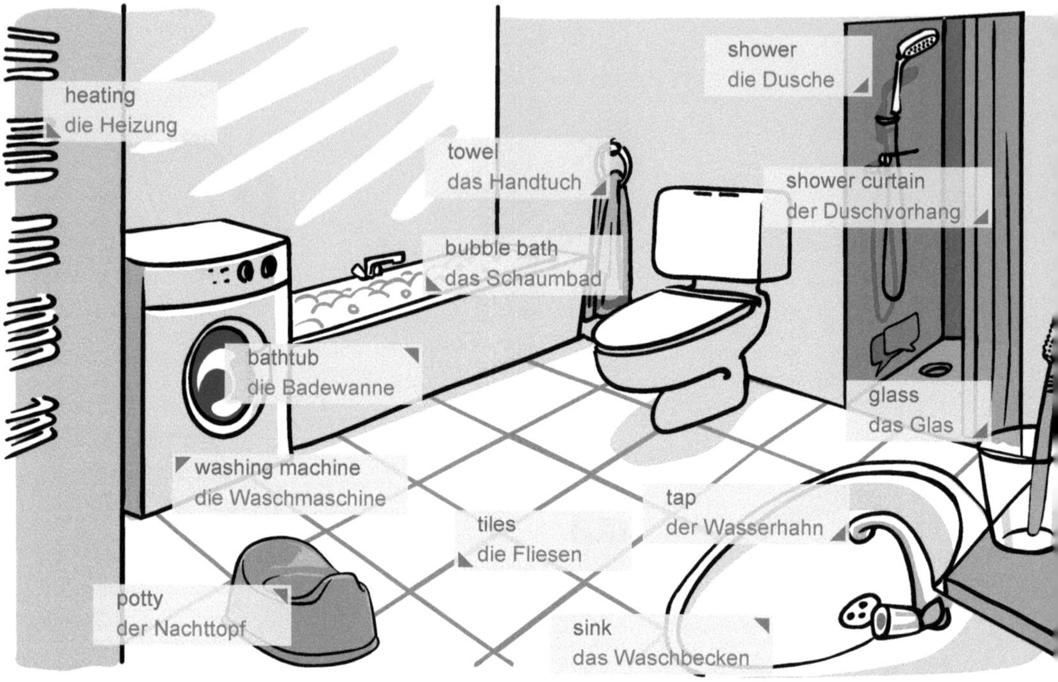

shower
die Dusche

heating
die Heizung

towel
das Handtuch

shower curtain
der Duschvorhang

bubble bath
das Schaumbad

bathtub
die Badewanne

glass
das Glas

washing machine
die Waschmaschine

tap
der Wasserhahn

tiles
die Fliesen

potty
der Nachttopf

sink
das Waschbecken

toilet
das Klo

squat toilet
die Hocktoilette

bidet
das Bidet

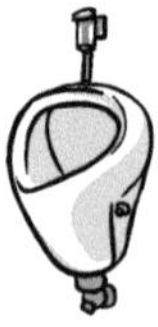

urinal
das Pissoir

toilet paper
das Klopapier

toilet brush
die Klobürste

toothbrush

die Zahnbürste

toothpaste

die Zahnpasta

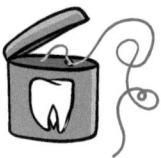

dental floss

die Zahnseide

wash

waschen

hand shower

die Handbrause

douche

die Intimdusche

basin

die Waschschüssel

back brush

die Rückenbürste

soap

die Seife

shower gel

das Duschgel

shampoo

das Shampoo

flannel

der Waschlappen

drain

der Abfluss

creme

die Creme

deodorant

das Deodorant

mirror

der Spiegel

hand mirror

der Kosmetikspiegel

razor

der Rasierer

shaving foam

der Rasierschaum

aftershave

das Rasierwasser

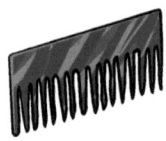

comb

der Kamm

brush

die Bürste

hair-dryer

der Föhn

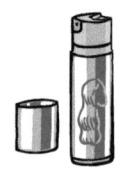

hairspray

das Haarspray

makeup

das Makeup

lipstick

der Lippenstift

nail varnish

der Nagellack

cotton wool

die Watte

nail scissors

die Nagelschere

perfume

das Parfum

washbag

der Kulturbeutel

stool

der Hocker

weighing scales

die Waage

bathrobe

der Bademantel

rubber gloves

die Gummihandschuhe

tampon

das Tampon

sanitary towel

die Damenbinde

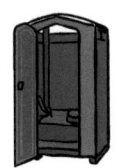

chemical toilet

die Chemietoilette

kids room
das Kinderzimmer

alarm clock
der Wecker
cuddly toy
das Kuscheltier
toy car
das Spielzeugauto
rattle
die Rassel
doll's house
das Puppenhaus
present
das Geschenk

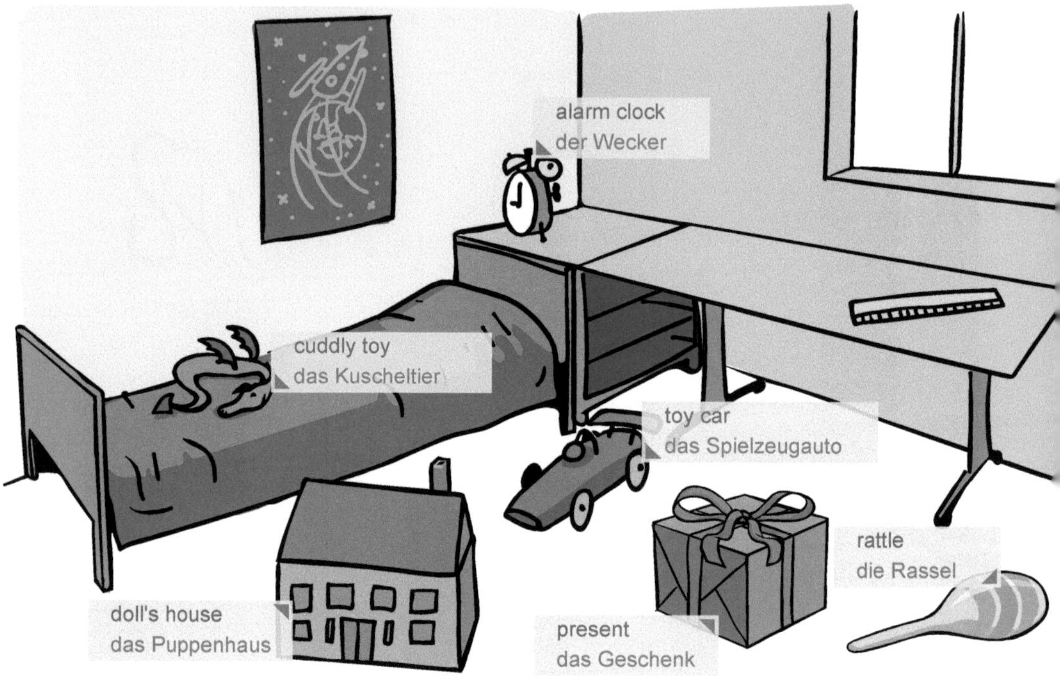

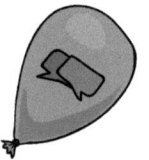

balloon

der Ballon

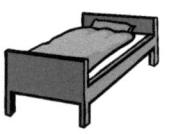

bed

das Bett

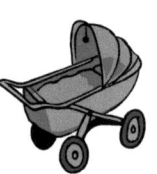

stroller

der Kinderwagen

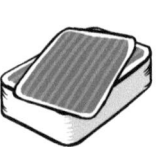

deck of cards

das Kartenspiel

jigsaw

das Puzzle

SUPER MEGA

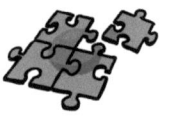

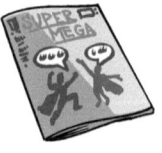

comic

der Comic

lego bricks

die Legosteine

toy blocks

die Bausteine

action figure

die Actionfigur

romper suit

der Strampelanzug

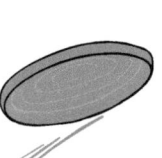

frisbee

das Frisbee

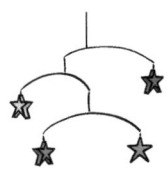

mobile

das Mobile

board game

das Brettspiel

dice

der Würfel

model train set

die Modelleisenbahn

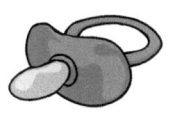

pacifier

der Schnuller

party

die Party

picture book

das Bilderbuch

ball

der Ball

doll

die Puppe

play

spielen

sandpit

der Sandkasten

swing

die Schaukel

toys

das Spielzeug

video game console

die Spielkonsole

tricycle

das Dreirad

teddy bear

der Teddy

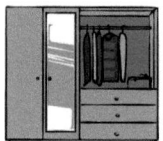

wardrobe

der Kleiderschrank

clothing

die Kleidung

socks

die Socken

stockings

die Strümpfe

tights

die Strumpfhose

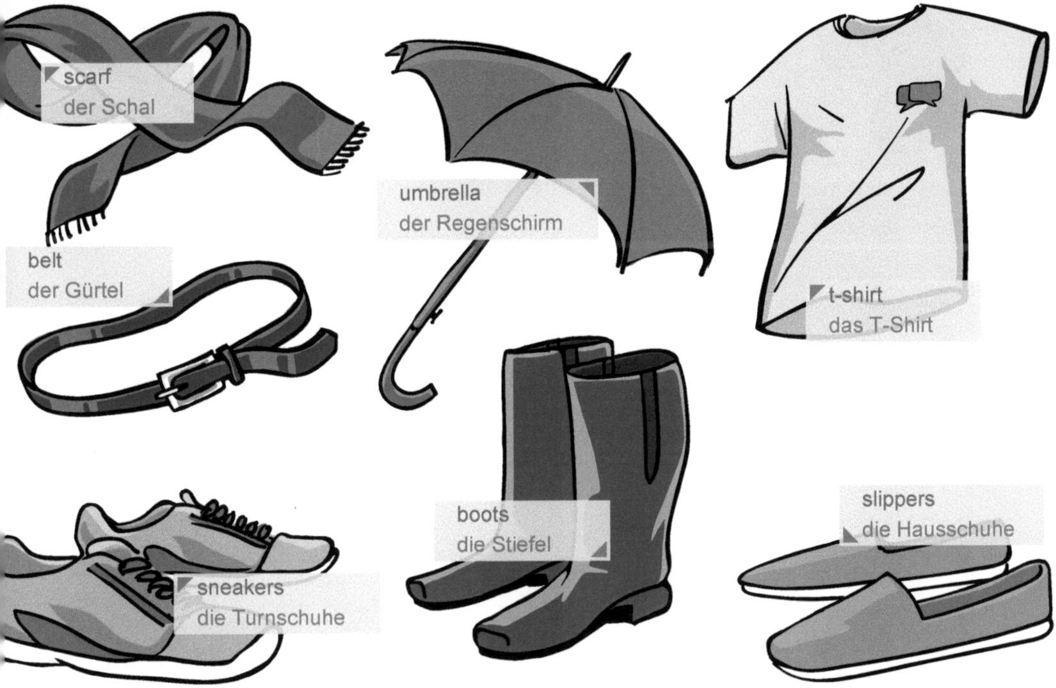

scarf
der Schal

belt
der Gürtel

umbrella
der Regenschirm

t-shirt
das T-Shirt

boots
die Stiefel

slippers
die Hausschuhe

sneakers
die Turnschuhe

sandals

die Sandalen

shoes

die Schuhe

rubber boots

die Gummistiefel

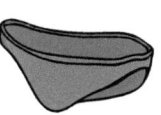

underwear

die Unterhose

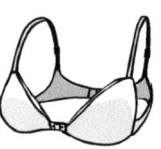

bra

der Büstenhalter

undershirt

das Unterhemd

body

der Body

pants

die Hose

jeans

die Jeans

skirt

der Rock

blouse

die Bluse

shirt

das Hemd

pullover

der Pullover

sweater

der Kapuzenpullover

blazer

der Blazer

jacket

die Jacke

coat

der Mantel

raincoat

der Regenmantel

costume

das Kostüm

dress

das Kleid

wedding dress

das Hochzeitskleid

suit

der Anzug

nightgown

das Nachthemd

pajamas

der Pyjama

sari

der Sari

headscarf

das Kopftuch

turban

der Turban

burka

die Burka

kaftan

der Kaftan

abaya

die Abaya

swimsuit

der Badeanzug

trunks

die Badehose

shorts

die kurze Hose

tracksuit

der Jogginganzug

apron

die Schürze

gloves

die Handschuhe

button
der Knopf

glasses
die Brille

bracelet
das Armband

necklace
die Halskette

ring
der Ring

earring
der Ohrring

cap
die Mütze

coat hanger
der Kleiderbügel

hat
der Hut

tie
die Krawatte

zip
der Reißverschluss

helmet
der Helm

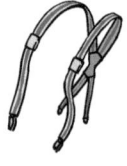

braces
der Hosenträger

school uniform
die Schuluniform

uniform
die Uniform

clothing - die Kleidung

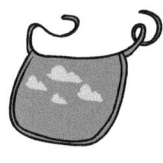

bib

das Lätzchen

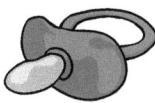

pacifier

der Schnuller

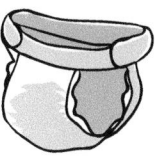

diaper

die Windel

office

das Büro

server
der Server
filing cabinet
der Aktenschrank
printer
der Drucker
monitor
der Monitor
aper
as Papier
mouse
die Maus
desk
der Schreibtisch
folder
der Ordner
keyboard
die Tastatur
chair
der Sessel
waste-paper basket
der Papierkorb
computer
der Computer

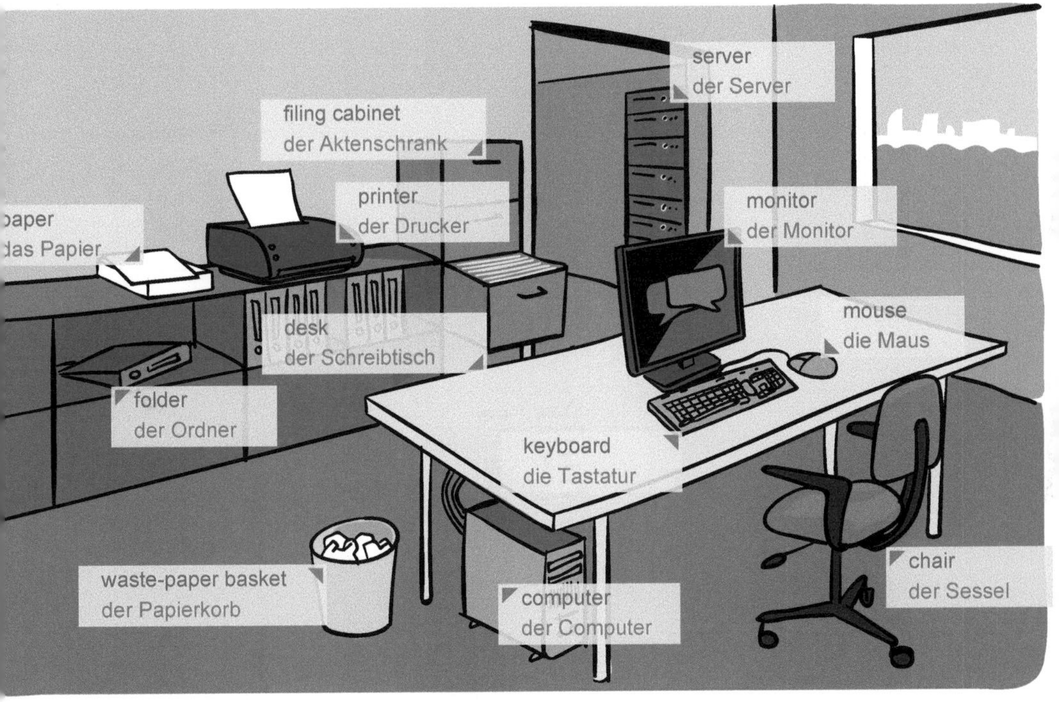

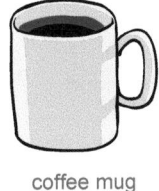

coffee mug

der Kaffeebecher

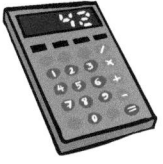

calculator

der Taschenrechner

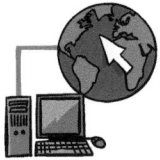

internet

das Internet

laptop

der Laptop

letter

der Brief

message

die Nachricht

cell phone

das Handy

network

das Netzwerk

photocopier

der Kopierer

software

die Software

telephone

das Telefon

plug socket

die Steckdose

fax machine

das Fax

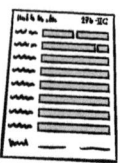

form

das Formular

document

das Dokument

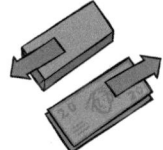

buy

kaufen

pay

bezahlen

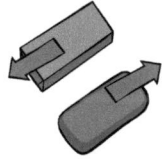

trade

handeln

money

das Geld

 **USD**

dollar

der Dollar

 **EUR**

euro

der Euro

 **JPY**

yen

der Yen

 **RUB**

rouble

der Rubel

 **CHF**

Swiss franc

der Franken

 **CNY**

renminbi yuan

der Renminbi Yuan

 **INR**

rupee

die Rupie

cash point

der Bankomat

currency exchange office

die Wechselstube

gold

das Gold

silver

das Silber

oil

das Öl

energy

die Energie

price

der Preis

contract

der Vertrag

tax

die Steuer

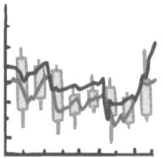

stock

die Aktie

work

arbeiten

employee

der Angestellte

employer

der Arbeitgeber

factory

die Fabrik

shop

das Geschäft

occupations
die Berufe

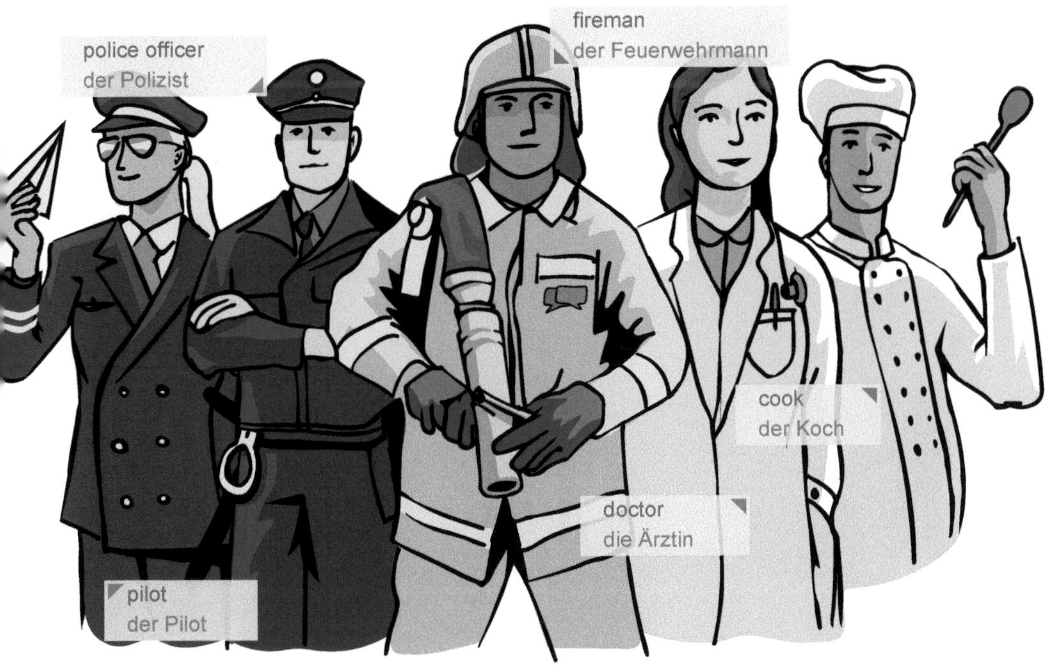
police officer
der Polizist
fireman
der Feuerwehrmann
cook
der Koch
doctor
die Ärztin
pilot
der Pilot

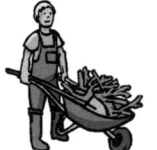

gardener

der Gärtner

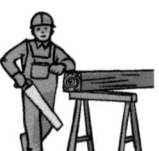

carpenter

der Tischler

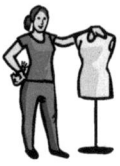

seamstress

die Schneiderin

judge

der Richter

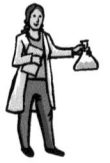

chemist

die Chemikerin

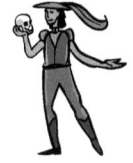

actor

der Schauspieler

bus driver

der Busfahrer

taxi driver

der Taxifahrer

fisherman

der Fischer

cleaning lady

die Putzfrau

roofer

der Dachdecker

waiter

der Kellner

hunter

der Jäger

painter

der Maler

baker

der Bäcker

electrician

der Elektriker

builder

der Bauarbeiter

engineer

der Ingenieur

butcher

der Schlachter

plumber

der Installateur

postman

die Briefträgerin

soldier

der Soldat

architect

der Architekt

cashier

die Kassiererin

florist

die Blumenhändlerin

hairdresser

der Friseur

conductor

der Schaffner

mechanic

der Mechaniker

captain

der Kapitän

dentist

die Zahnärztin

scientist

der Wissenschaftler

rabbi

der Rabbi

imam

der Imam

monk

der Mönch

pastor

der Pfarrer

tools

die Werkzeuge

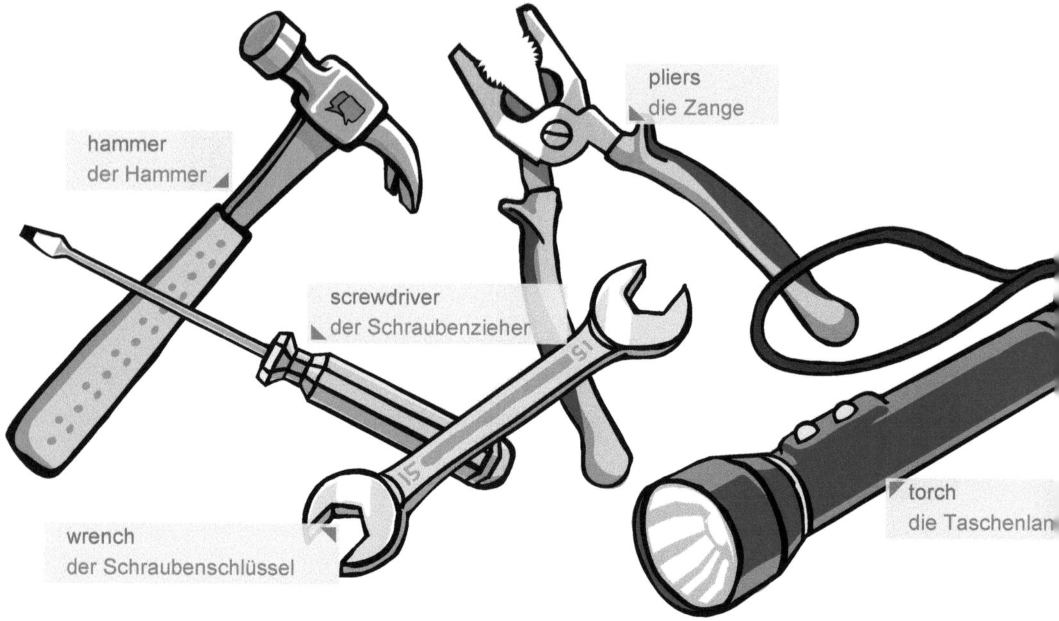

hammer
der Hammer
pliers
die Zange
screwdriver
der Schraubenzieher
wrench
der Schraubenschlüssel
torch
die Taschenlan

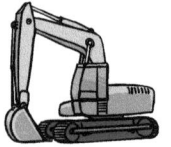

excavator

der Bagger

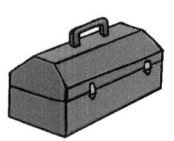

toolbox

der Werkzeugkasten

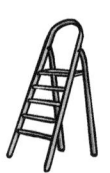

ladder

die Leiter

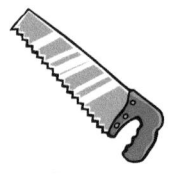

saw

die Säge

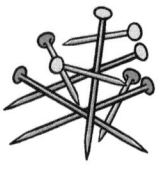

nails

die Nägel

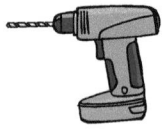

drill

der Bohrer

repair

reparieren

shovel

die Schaufel

Damn!

Scheiße!

dustpan

die Kehrschaufel

paint can

der Farbtopf

screws

die Schrauben

musical instruments
die Musikinstrumente

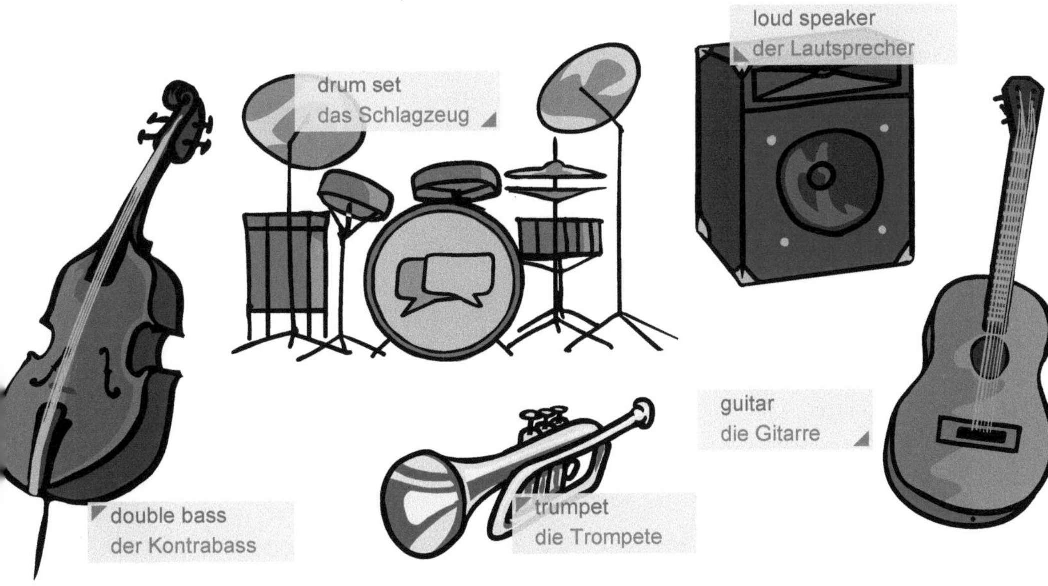

drum set
das Schlagzeug

loud speaker
der Lautsprecher

guitar
die Gitarre

double bass
der Kontrabass

trumpet
die Trompete

piano

das Klavier

violin

die Violine

bass

der Bass

timpani

die Pauke

drums

die Trommeln

keyboard

die Tastatur

saxophone

das Saxophon

flute

die Flöte

microphone

das Mikrofon

der Zoo

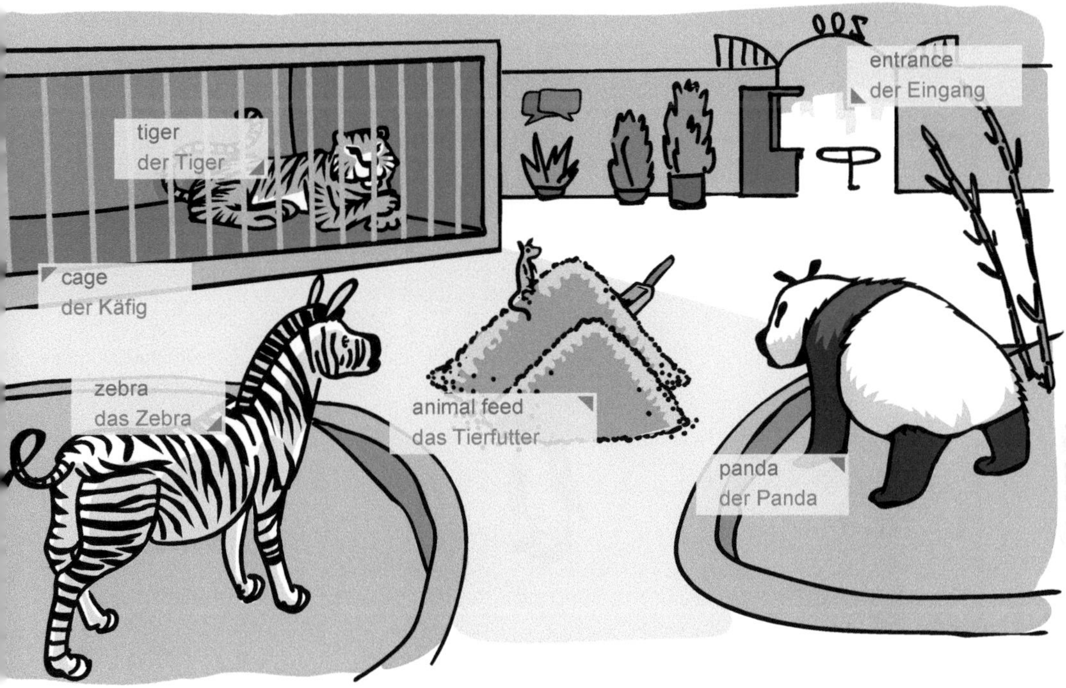

tiger
der Tiger
entrance
der Eingang
cage
der Käfig
zebra
das Zebra
animal feed
das Tierfutter
panda
der Panda

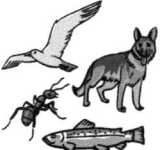

animals

die Tiere

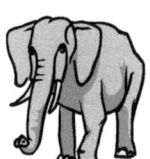

elephant

der Elefant

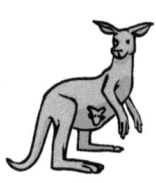

kangaroo

das Känguru

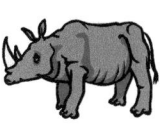

rhino

das Nashorn

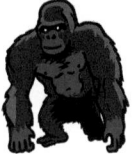

gorilla

der Gorilla

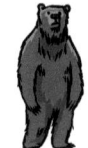

bear

der Bär

camel

das Kamel

ostrich

der Strauß

lion

der Löwe

monkey

der Affe

flamingo

der Flamingo

parrot

der Papagei

polar bear

der Eisbär

penguin

der Pinguin

shark

der Hai

peacock

der Pfau

snake

die Schlange

crocodile

das Krokodil

zookeeper

der Zoowärter

seal

die Robbe

jaguar

der Jaguar

pony
das Pony

leopard
der Leopard

hippo
das Nilpferd

giraffe
die Giraffe

eagle
der Adler

boar
das Wildschwein

fish
der Fisch

turtle
die Schildkröte

walrus
das Walross

fox
der Fuchs

gazelle
die Gazelle

American football
das American Football

cycling
das Radfahren

tennis
das Tennis

basketball
der Basketball

swimming
das Schwimmen

boxing
das Boxen

ice hockey
das Eishockey

soccer
der Fußball

badminton
das Badminton

athletics
die Leichtathletik

handball
der Handball

skiing
das Skifahren

polo
das Polo

laugh
lachen

jump
springen

hug
umarmen

walk
gehen

sing
singen

dream
träumen

pray
beten

kiss
küssen

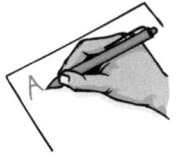

write

schreiben

draw

zeichnen

show

zeigen

push

drücken

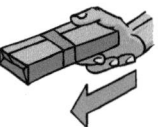

give

geben

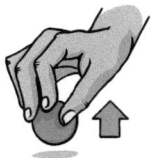

take

nehmen

have

haben

do

machen

be

sein

stand

stehen

run

laufen

pull

ziehen

throw

werfen

fall

fallen

lie

liegen

wait

warten

carry

tragen

sit

sitzen

get dressed

anziehen

sleep

schlafen

wake up

aufwachen

look at

ansehen

cry

weinen

stroke

streicheln

comb

frisieren

talk

reden

understand

verstehen

ask

fragen

listen

hören

drink

trinken

eat

essen

tidy up

zusammenräumen

love

lieben

cook

kochen

drive

fahren

fly

fliegen

activities - die Aktivitäten

sail

segeln

calculate

rechnen

read

lesen

learn

lernen

work

arbeiten

marry

heiraten

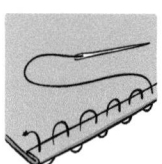

sew

nähen

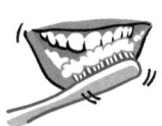

brush teeth

Zähne putzen

kill

töten

smoke

rauchen

send

senden

activities - die Aktivitäten

grandmother
Großmutter

grandfather
der Großvater

father
der Vater

mother
die Mutter

baby
das Baby

daughter
die Tochter

son
der Sohn

guest

der Gast

aunt

die Tante

uncle

der Onkel

brother

der Bruder

sister

die Schwester

body

der Körper

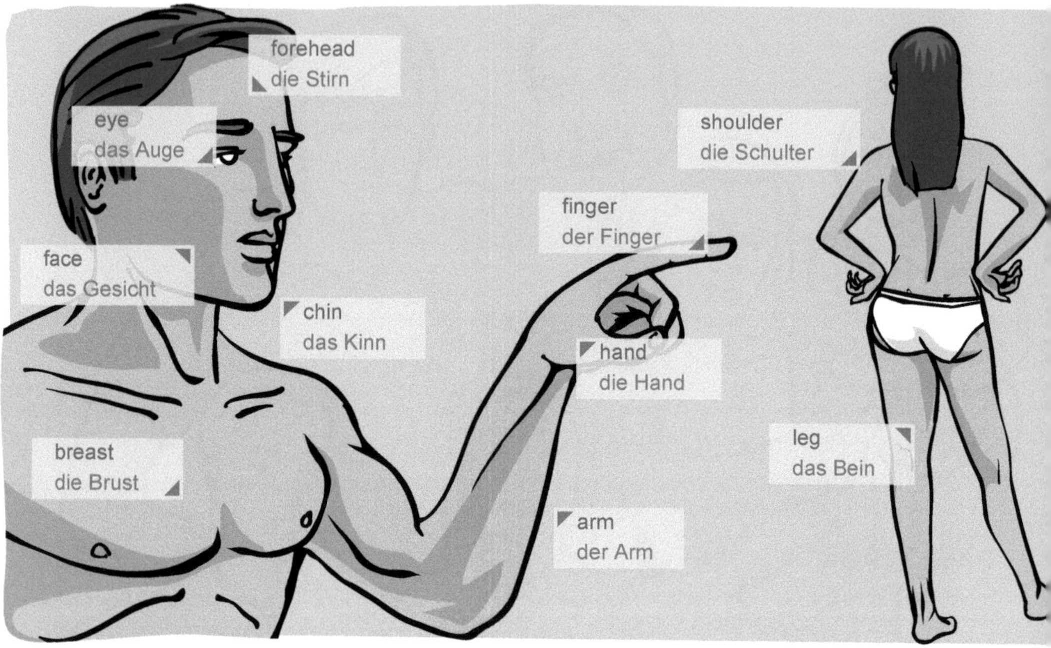

forehead
die Stirn

eye
das Auge

shoulder
die Schulter

finger
der Finger

face
das Gesicht

chin
das Kinn

hand
die Hand

breast
die Brust

leg
das Bein

arm
der Arm

baby

das Baby

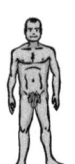

man

der Mann

woman

die Frau

girl

das Mädchen

boy

der Junge

head

der Kopf

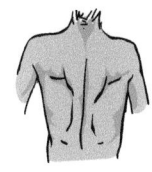

back
....
der Rücken

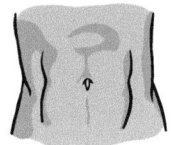

belly
....
der Bauch

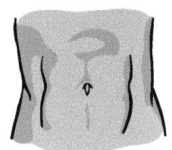

navel
....
der Nabel

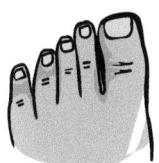

toe
....
der Zeh

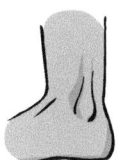

heel
....
die Ferse

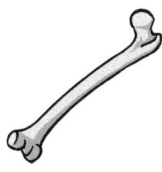

bone
....
der Knochen

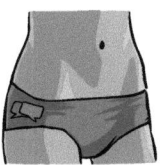

hip
....
die Hüfte

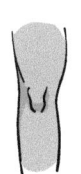

knee
....
das Knie

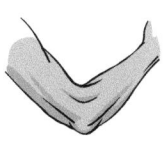

elbow
....
der Ellbogen

nose
....
die Nase

buttocks
....
das Gesäß

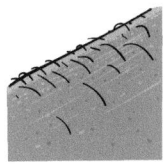

skin
....
die Haut

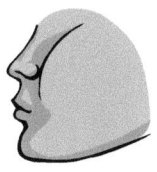

cheek
....
die Wange

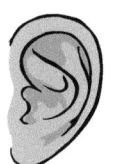

ear
....
das Ohr

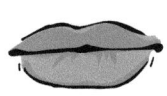

lip
....
die Lippe

mouth

der Mund

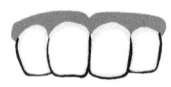

tooth

der Zahn

tongue

die Zunge

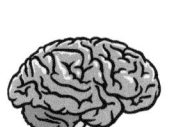

brain

das Gehirn

heart

das Herz

muscle

der Muskel

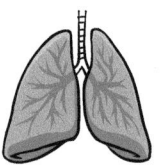

lung

die Lunge

liver

die Leber

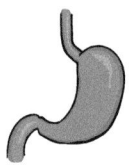

stomach

der Magen

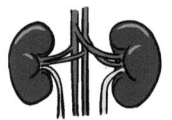

kidneys

die Nieren

sex

der Geschlechtsverkehr

condom

das Kondom

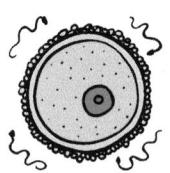

ovum

die Eizelle

semen

das Sperma

pregnancy

die Schwangerschaft

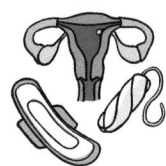

menstruation

die Menstruation

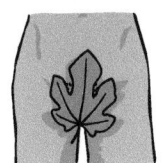

vagina

die Vagina

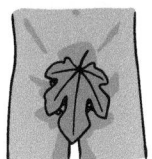

penis

der Penis

eyebrow

die Augenbraue

hair

das Haar

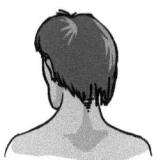

neck

der Hals

hospital
das Spital

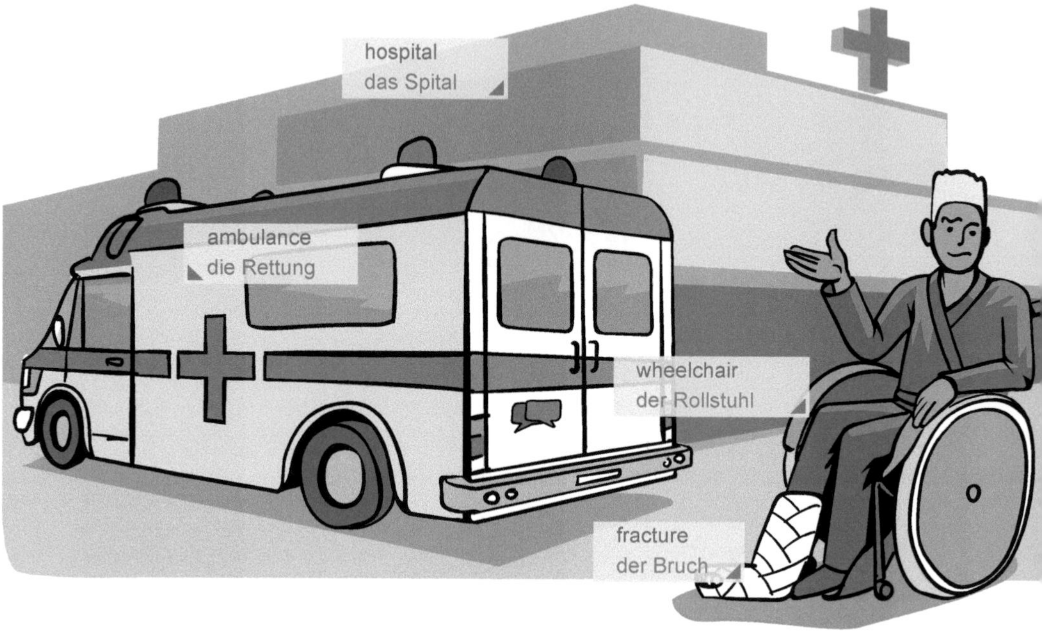

hospital
das Spital
ambulance
die Rettung
wheelchair
der Rollstuhl
fracture
der Bruch

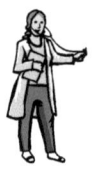

doctor

die Ärztin

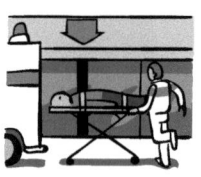

emergency room

die Notaufnahme

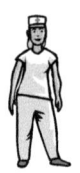

nurse

die Krankenschwester

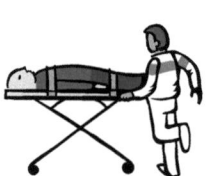

emergency

der Notfall

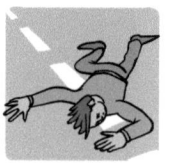

unconscious

ohnmächtig

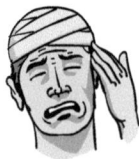

pain

der Schmerz

injury

die Verletzung

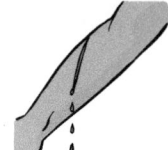

bleeding

die Blutung

heart attack

der Herzinfarkt

stroke

der Schlaganfall

allergy

die Allergie

cough

der Husten

fever

das Fieber

flu

die Grippe

diarrhea

der Durchfall

headache

die Kopfschmerzen

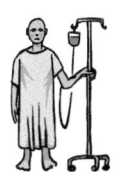

cancer

der Krebs

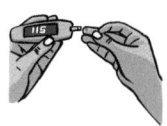

diabetes

die Diabetes

surgeon

der Chirurg

scalpel

das Skalpell

operation

die Operation

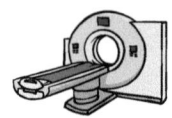

CT

das CT

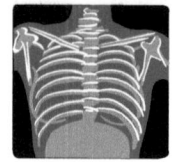

x-ray

das Röntgen

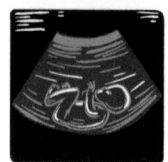

ultrasound

der Ultraschall

face mask

die Maske

disease

die Krankheit

waiting room

das Wartezimmer

crutch

die Krücke

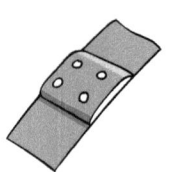

plaster

das Pflaster

bandage

der Verband

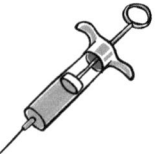

injection

die Injektion

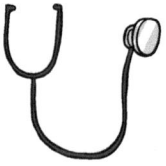

stethoscope

das Stethoskop

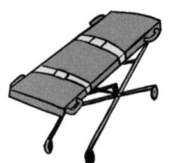

stretcher

die Trage

clinical thermometer

das Thermometer

birth

die Geburt

overweight

das Übergewicht

hearing aid

das Hörgerät

disinfectant

das Desinfektionsmittel

infection

die Infektion

virus

das Virus

HIV / AIDS

das HIV / AIDS

medicine

die Medizin

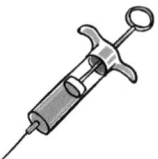

vaccination

die Impfung

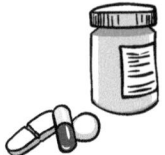

tablets

die Tabletten

pill

die Pille

emergency call

der Notruf

blood pressure monitor

der Blutdruckmesser

ill / healthy

krank / gesund

Help!

Hilfe!

alarm

der Alarm

assault

der Überfall

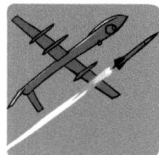

attack

der Angriff

danger

die Gefahr

emergency exit

der Notausgang

Fire!

Feuer!

fire extinguisher

der Feuerlöscher

accident

der Unfall

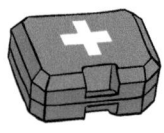

first-aid kit

der Erste-Hilfe-Koffer

SOS

SOS

police

die Polizei

Europe

das Europa

North America

das Nordamerika

South America

das Südamerika

Africa

das Afrika

Asia

das Asien

Australia

das Australien

Atlantic

der Atlantik

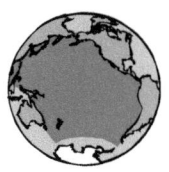

Pacific

der Pazifik

Indian Ocean

der Indische Ozean

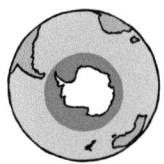

Antarctic Ocean

der Antarktische Ozean

Arctic Ocean

der Arktische Ozean

North pole

der Nordpol

South pole
der Südpol

Antarctica
die Antarktis

earth
die Erde

land
das Land

sea
das Meer

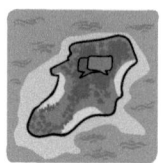

island
die Insel

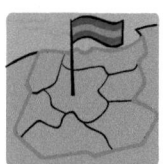

nation
die Nation

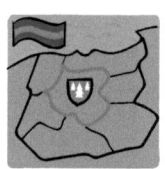

state
der Staat

clock face

das Ziffernblatt

hour hand

der Stundenzeiger

minute hand

der Minutenzeiger

second hand

der Sekundenzeiger

What time is it?

Wie spät ist es?

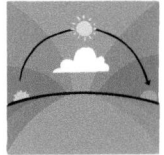

day

der Tag

time

die Zeit

now

jetzt

digital watch

die Digitaluhr

minute

die Minute

hour

die Stunde

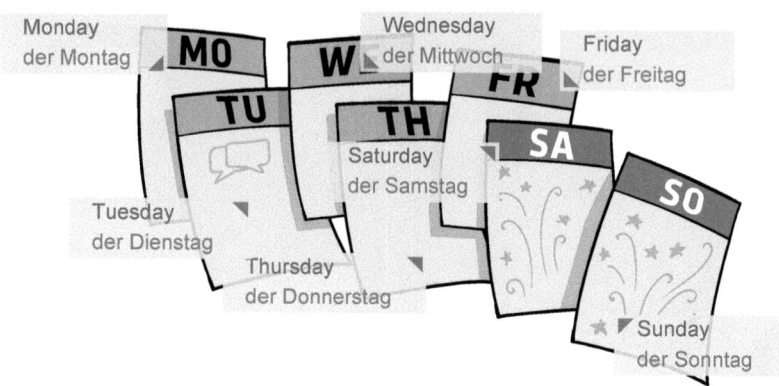

Monday / der Montag
Wednesday / der Mittwoch
Friday / der Freitag
Tuesday / der Dienstag
Saturday / der Samstag
Thursday / der Donnerstag
Sunday / der Sonntag

yesterday

gestern

today

heute

tomorrow

morgen

morning

der Morgen

noon

der Mittag

evening

der Abend

workdays

die Arbeitstage

weekend

das Wochenende

year

das Jahr

rain
der Regen
rainbow
der Regenbogen
snow
der Schnee
wind
der Wind
spring
der Frühling
fall
der Herbst
summer
der Sommer
winter
der Winter

4.APRIL 11°
5.APRIL 4°
6.APRIL 13°
7.APRIL 8°
8.APRIL 10°

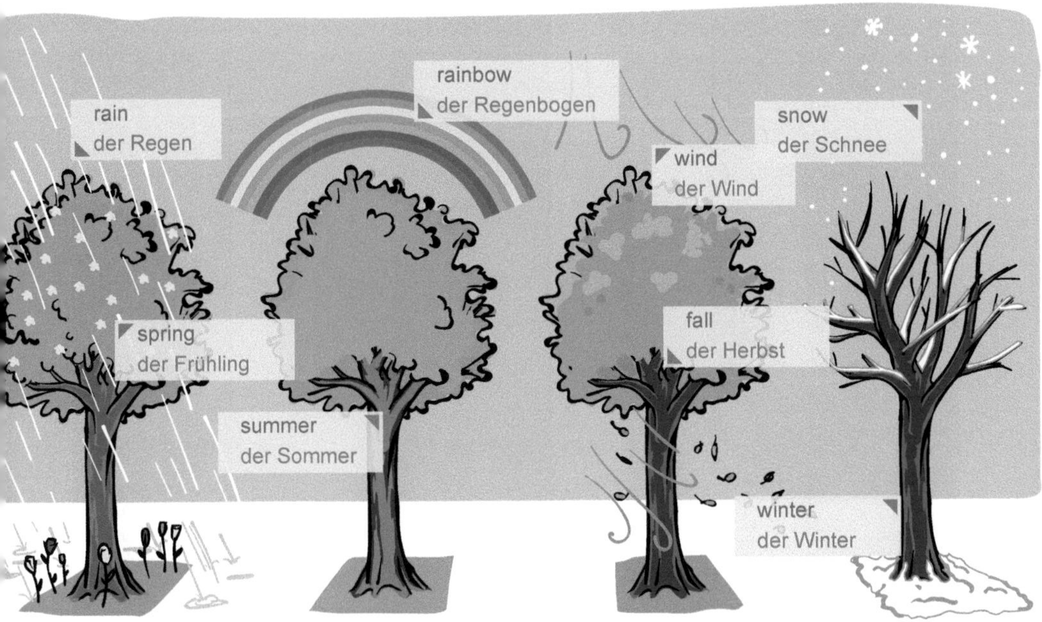

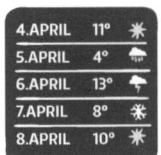

weather forecast

die Wettervorhersage

F
C
120
90
60
30
0
-30
40
30
20
10
0
-10
-20

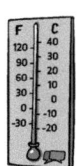

thermometer

das Thermometer

sunshine

der Sonnenschein

cloud

die Wolke

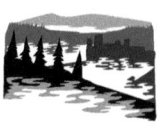

fog

der Nebel

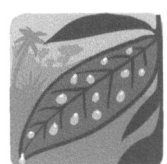

humidity

die Luftfeuchtigkeit

lightning

der Blitz

thunder

der Donner

storm

der Sturm

hail

der Hagel

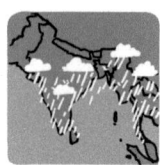

monsoon

der Monsun

flood

die Flut

ice

das Eis

January

der Jänner

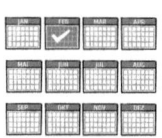

February

der Februar

March

der März

April

der April

May

der Mai

June

der Juni

July

der Juli

August

der August

September
....
der September

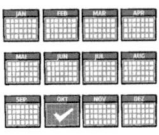

October
....
der Oktober

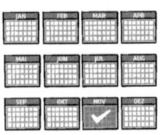

November
....
der November

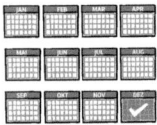

December
....
der Dezember

circle
....
der Kreis

square
....
das Quadrat

rectangle
....
das Rechteck

triangle
....
das Dreieck

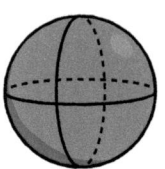

sphere
....
die Kugel

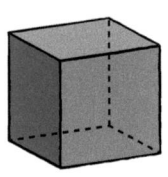

cube
....
der Würfel

colors
die Farben

white

weiß

yellow

gelb

orange

orange

pink

pink

red

rot

purple

lila

blue

blau

green

grün

brown

braun

gray

grau

black

schwarz

a lot / a little

viel / wenig

angry / calm

wütend / friedlich

beautiful / ugly

hübsch / hässlich

beginning / end

der Anfang / das Ende

big / small

groß / klein

bright / dark

hell / dunkel

brother / sister

er Bruder / die Schwester

clean / dirty

sauber / schmutzig

complete / incomplete

vollständig / unvollständig

day / night

der Tag / die Nacht

dead / alive

tot / lebendig

wide / narrow

breit / schmal

edible / inedible

genießbar / ungenießbar

evil / kind

böse / freundlich

excited / bored

aufgeregt / gelangweilt

fat / thin

dick / dünn

first / last

zuerst / zuletzt

friend / enemy

der Freund / der Feind

full / empty

voll / leer

hard / soft

hart / weich

heavy / light

schwer / leicht

hunger / thirst

der Hunger / der Durst

ill / healthy

krank / gesund

illegal / legal

illegal / legal

intelligent / stupid

gescheit / dumm

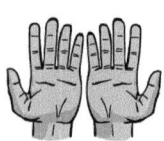

left / right

links / rechts

near / far

nah / fern

opposites - die Gegenteile

new / used

neu / gebraucht

nothing / something

nichts / etwas

old / young

alt / jung

on / off

an / aus

open / closed

offen / geschlossen

quiet / loud

leise / laut

rich / poor

reich / arm

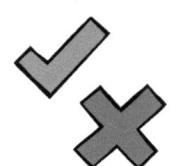

right / wrong

richtig / falsch

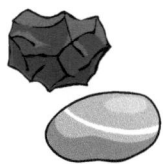

rough / smooth

rau / glatt

sad / happy

traurig / glücklich

short / long

kurz / lang

slow / fast

langsam / schnell

wet / dry

nass / trocken

warm / cool

warm / kühl

war / peace

der Krieg / der Frieden

0

zero

null

1

one

eins

2

two

zwei

3

three

drei

4

four

vier

5

five

fünf

6

six

sechs

7

seven

sieben

8

eight

acht

9

nine

neun

10

ten

zehn

11

eleven

elf

12

twelve
zwölf

13

thirteen
dreizehn

14

fourteen
vierzehn

15

fifteen
fünfzehn

16

sixteen
sechzehn

17

seventeen
siebzehn

18

eighteen
achtzehn

19

nineteen
neunzehn

20

twenty
zwanzig

100

hundred
hundert

1.000

thousand
tausend

1.000.000

million
Million

numbers - die Zahlen

languages
die Sprachen

English
....
Englisch

American English
....
Amerikanisches Englisch

Chinese Mandarin
....
Chinesisch (Mandarin)

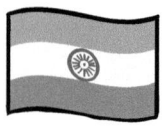

Hindi
....
Hindi

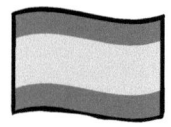

Spanish
....
Spanisch

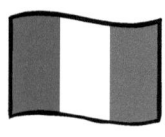

French
....
Französisch

Arabic
....
Arabisch

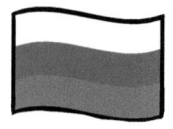

Russian
....
Russisch

Portuguese
....
Portugiesisch

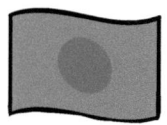

Bengali
....
Bengalisch

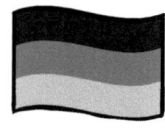

German
....
Deutsch

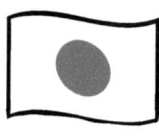

Japanese
....
Japanisch

I
ich

you
du

he / she / it
er / sie / es

we
wir

you
ihr

they
sie

who?
Wer?

what?
Was?

how?
Wie?

where?
Wo?

when?
Wann?

name
Name

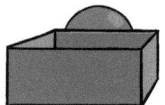

behind

hinter

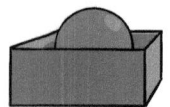

in

in

in front of

vor

over

über

on

auf

under

unter

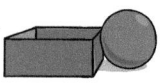

beside

neben

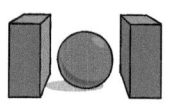

between

zwischen

place

der Ort